*Lembrança da
Primeira Eucaristia*

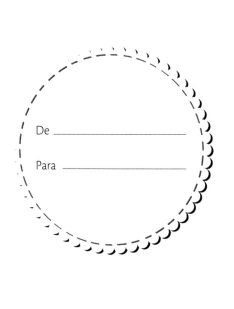

Palavras iniciais

O dia do primeiro encontro com Jesus na Eucaristia será sempre lembrado com muito carinho ao longo de toda a sua vida.

Junto com a sua turma de catequese, você refletiu o Evangelho, participou da comunidade e guarda em seu coração o que significa ter um amigo como Jesus. Ele está sempre com você, acompanhando os seus passos.

Seus pais, catequistas e padrinhos mostraram o quanto é importante ter sempre ao lado alguém em quem você pode confiar e com quem partilhar os momentos de alegria, os aborrecimentos, o sofrimento e a felicidade.

A vida é assim mesmo, porque, se tudo fosse sempre igual, seria muito monótono, não é mesmo?

Então, pense em tudo o que acontece no seu dia a dia e converse sobre isso com Jesus. Ele está dentro de você e também nas pessoas que o rodeiam.

"Fique com a gente, Senhor!"

Eucaristia

Você está de parabéns por ter frequentado a catequese até chegar o seu primeiro encontro com Jesus na Eucaristia. A sua caminhada iniciou-se no Batismo, quando você se tornou membro do Corpo de Cristo, a sua Igreja. Agora, você recebeu o Corpo Eucarístico de Jesus e se acha mais firmemente unido a ele. O conhecimento da Palavra vai continuar nos encontros de Perseverança e de Crisma, mais à frente.

Viver em Cristo é uma grande novidade. É maravilhoso encontrar-se com ele, conhecer sua pessoa, seus ensinamentos e, sobretudo, ouvir e aceitar o seu chamado, assim como ele fez com seus apóstolos: "Vem e segue-me" (Lc 18,22).

Para recordar

Eucaristia significa Ação de Graças, para recordar a morte e ressurreição de Jesus, que se dá a cada um de nós na santa comunhão. Jesus entrou em seu coração e deseja permanecer sempre com você e ser o seu melhor amigo.

Você se lembra, é claro, que a Eucaristia é o banquete de Deus, em que ele distribui o pão e o vinho, como Jesus o fez com seus apóstolos, na Última Ceia. Vamos rememorar esta cena de Jesus com os apóstolos? Leia então o texto a seguir, pensando no dia da sua Primeira Eucaristia.

No início da Oração Eucarística, quem preside a celebração diz: "Demos graças ao Senhor, nosso Deus". Então, nós respondemos: "É nosso dever e nossa salvação". O ministro continua: "Na verdade, é digno e justo é nosso dever e salvação dar-vos graças, sempre e em todo lugar".

No altar, diante do pão e do vinho o presidente diz: "Estando para ser entregue e abraçando livremente a paixão, Jesus tomou o pão, pronunciou a bênção de ação de graças, partiu e o deu a seus discípulos, dizendo: 'Tomai, todos, e comei: isto é o meu corpo, que será entregue por vós'. Do mesmo modo, no fim da ceia, ele tomou o cálice em suas mãos e dando graças novamente, o entregou a seus discípulos, dizendo: 'Tomai, todos, e bebei: este é o cálice do meu sangue, o sangue da nova e eterna aliança, que será derramado por vós e por todos para remissão dos pecados. Fazei isto em memória de mim'".

No Novo Testamento esse rito foi realizado no contexto de uma refeição comunitária chamada ágape, que na língua grega significa "ação de graças".

Quando Jesus afirma "isto é o meu corpo" e "este é o cálice do meu sangue" ele faz menção ao seu sacrifício no Calvário.

O Domingo é o dia da Ressurreição. Ele não se reduz à recordação desse acontecimento passado: é a celebração da presença viva do Ressuscitado no meio de nós. É a Páscoa semanal, que recorda o memorial da presença do Senhor na comunidade.

Cada vez que vamos à missa, atendemos ao convite de Jesus, que nos reúne como irmãos, filhos do mesmo e único Pai. Desta forma, constituímos a assembleia do povo de Deus reunida na fé do Senhor, pois somos membros do Corpo de Cristo. "Quem come a minha carne e bebe o meu sangue permanece em mim, e eu nele" (Jo 6,56).

A missa dominical da comunidade será o ponto forte de todo o caminho a ser feito. Aproveite bastante essa hora especial de sua semana. Cante, ouça o Senhor em sua Palavra e, sobretudo, receba-o sempre em comunhão no seu coração.!

O que é rezar

Rezar é encontrar-se com Deus para dizer que o amamos, agradecer por tudo que ele faz por nós, por nos ter dado a vida através de nossos pais.

Rezar é adorar a Deus porque ele é o nosso criador, salvador e amigo. Viver já é motivo de alegrar-se todos os dias e render homenagem a Deus..

No Evangelho de Mateus está escrito: "Adorarás o Senhor teu Deus e só a ele prestarás culto" (Mt 4,10), lembrando uma passagem do Deuteronômio.

Eu agradeço

Agradeço ao Senhor, meu Deus, por eu existir.
Agradeço por este mundo tão bonito,
cheio de maravilhas que o Senhor
criou para todos nós.
Agradeço por minha família,
por meus amigos e amigas,
meus colegas de escola e de catequese.
Agradeço pelo pão que nos alimenta
a cada dia e por nos ensinar a partilhar
com quem não o tem.
Ó Deus! Ajuda-me a ser fiel
às promessas do santo Batismo e a viver
como um bom filho do Senhor,
lembrando tantas coisas novas e boas que aprendi
durante os encontros de minha iniciação
à vida eucarística. Quero ser fiel ao Senhor,
sendo uma pessoa boa e que saiba ir ao encontro
das pessoas que necessitarem de mim.
Amém!

Sinal da cruz

Em nome do Pai e do Filho
e do Espírito Santo.
Amém.

Pai-Nosso

Pai nosso que estais nos céus,
santificado seja o vosso nome,
venha a nós o vosso Reino,
seja feita a vossa vontade,
assim na terra como no céu;
o pão nosso de cada dia nos dai hoje,
perdoai-nos as nossas ofensas,
assim como nós perdoamos
a quem nos tem ofendido,
e não nos deixeis cair em tentação,
mas livrai-nos do mal.
Amém.

Ave-Maria

Ave, Maria, cheia de graça, o Senhor é convosco;
bendita sois vós entre as mulheres
e bendito é o fruto do vosso ventre, Jesus.
Santa Maria, Mãe de Deus, rogai por nós, pecadores,
agora e na hora de nossa morte.
Amém.

Glória

Glória ao Pai, ao Filho e ao Espírito Santo.
Como era no princípio, agora e sempre.
Amém.

Salve-Rainha

Salve, Rainha, Mãe de misericórdia,
vida, doçura, esperança nossa, salve!
A vós bradamos os degredados filhos de Eva,
a vós suspiramos,
gemendo e chorando neste vale de lágrimas.
Eia, pois, advogada nossa,
esses vossos olhos misericordiosos a nós volvei,
e depois deste desterro mostrai-nos Jesus,
bendito fruto do vosso ventre,
ó clemente, ó piedosa, ó doce sempre Virgem Maria.

– Rogai por nós, Santa Mãe de Deus!
Para que sejamos dignos das promessas de Cristo.

Creio

Creio em Deus Pai todo-poderoso
criador do céu e da terra;
e em Jesus Cristo, seu único Filho, nosso Senhor;
que foi concebido pelo poder do Espírito Santo;
nasceu da Virgem Maria, padeceu sob Pôncio Pilatos;
foi crucificado, morto e sepultado;
desceu à mansão dos mortos;
ressuscitou ao terceiro dia; subiu aos céus,
está sentado à direita de Deus Pai todo-poderoso,
donde há de vir julgar os vivos e os mortos.
Creio no Espírito Santo,
na Santa Igreja Católica,
na comunhão dos santos,
na remissão dos pecados,
na ressurreição da carne,
na vida eterna.
Amém.

Oração a Nossa Senhora Aparecida

Senhora Aparecida, eu vos consagro
os meus trabalhos, sofrimentos e alegrias;
o meu corpo, a minha alma
e toda a minha vida.
Eu vos consagro a minha família.
Ó Senhora Aparecida, livrai-nos
de todo mal, das doenças e do pecado.
Abençoai as nossas famílias,
os doentes e as criancinhas.
Abençoai a Santa Igreja, o Papa, os bispos;
os sacerdotes e os ministros,
os religiosos e os leigos.
Abençoai a nossa paróquia e o nosso pároco.
Senhora Aparecida, lembrai-vos de
que sois a padroeira de nossa pátria.
Abençoai o nosso governo e todo o povo.
Abençoai e salvai o vosso Brasil.
E dai-nos a vossa bênção. Amém.

Ao Anjo da Guarda

Santo Anjo do Senhor,
meu zeloso guardador,
se a ti me confiou a piedade divina,
sempre me rege, guarda,
governa e ilumina.
Amém.

Oração da manhã

Agradeço, meu bom Deus,
por esta noite tão bem dormida,
na proteção do meu lar
e junto de minha família.
Agradeço por este novo dia,
que vejo começar pela janela de meu quarto.
Peço que me proteja e me ilumine
no caminho para escola
e no retorno para casa,
durante as aulas e as brincadeiras.
Que Maria Santíssima,
a mãe de Jesus e minha mãe,
esteja sempre cuidando de mim
e meu coração permaneça com o Senhor.
Amém.

Oração da noite

Senhor, agradeço por me dar mais um dia de vida.
Agradeço os bons momentos que tive hoje
com a minha família,
com os meus colegas na escola.
Quero estar sempre disponível
para ajudar as pessoas,
por isso peço ao Senhor,
que está sempre ao meu lado,
que me inspire a dizer a palavra certa.
Peço também perdão
pelos momentos de distração,
se não me comportei bem
ou deixei de cumprir minhas tarefas.
Muito obrigado, Senhor, meu Deus.

Os salmos são orações e cantos bíblicos que nasceram das diversas necessidades do povo. Por isso temos salmos de alegria, de súplica, de agradecimento, os que ensinam a seguir os caminhos de Deus, os que falam sobre esperança e muitos outros temas.

Você pode rezar estes, ou ler outros em sua própria Bíblia Sagrada e, com a ajuda deles, refletir sobre os vários acontecimentos de sua vida.

Salmo 8

Majestade de Deus e dignidade do homem

Ó Senhor, nosso Deus, como é grande
vosso nome por todo o universo! ...
Contemplando estes céus que plasmastes,
e formastes com dedos de artista;
vendo a lua e estrelas brilhantes,
perguntamos: "Senhor, que é o homem,
para dele assim vos lembrardes
e o tratardes com tanto carinho?".
Pouco abaixo de Deus o fizestes,
coroando-o de glória e esplendor;
vós lhe destes poder sobre tudo,
vossas obras aos pés lhe pusestes...
Ó Senhor, nosso Deus, como é grande
vosso nome por todo o universo!

Salmo 23(22)

O bom pastor

O Senhor é o pastor que me conduz;
não me falta coisa alguma.
Pelos prados e campinas verdejantes,
ele me leva a descansar.
Para águas repousantes me encaminha,
e restaura as minhas forças.
Ele me guia no caminho mais seguro,
pela honra do seu nome.
Mesmo que eu passe pelo vale tenebroso,
nenhum mal eu temerei;
estais comigo com bastão e com cajado;
eles me dão a segurança...
Felicidade e todo bem hão de seguir-me
por toda a minha vida!

Salmo 27(26)

Confiança em Deus
no perigo

O SENHOR é minha luz e salvação;
de quem eu terei medo?
O SENHOR é a proteção da minha vida;
perante quem eu tremerei?
Quando avançam os malvados contra mim...
são eles... que tropeçam e sucumbem...
Um abrigo [o SENHOR] me dará sob o seu teto
nos dias da desgraça;
no interior de sua tenda há de esconder-me
e proteger-me sobre a rocha.
e de mim cuidará...
Ensinai-me, ó Senhor, vossos caminhos
e mostrai-me a estrada certa!

Salmo 34(33)

O Senhor é a salvação dos justos!

Bendirei o SENHOR Deus em todo tempo,
seu louvor estará sempre em minha boca...
Todas as vezes que o busquei, ele me ouviu,
e de todos os temores me livrou...
Provai e vede quão suave é o SENHOR!
Feliz o homem que tem nele o seu refúgio!...
Meus filhos, vinde agora e escutai-me:
vou ensinar-vos o temor do SENHOR Deus...
Afasta a tua língua da maldade,
e teus lábios, de palavras mentirosas.
Afasta-te do mal e faze o bem,
procura a paz e vai com ela em seu caminho...
Clamam os justos, e o SENHOR bondoso escuta
e de todas as angústias os liberta.
Do coração atribulado ele está perto
e conforta os de espírito abatido.

Salmo 91(90)

Sob a proteção do Altíssimo

Quem habita ao abrigo do Altíssimo
e vive à sombra do SENHOR onipotente,
diz ao SENHOR: "Sois meu refúgio e proteção,
sois o meu Deus, no qual confio inteiramente"...
Não temerás terror algum durante a noite,...
nem a desgraça que devasta o meio-dia;...
Nenhum mal há de chegar perto de ti,
pois o SENHOR deu uma ordem a seus anjos
para em todos os caminhos te guardarem.
Haverão de te levar em suas mãos,
para o teu pé não se ferir nalguma pedra.

Salmo 150

Louvar o Senhor

Louvai o Senhor Deus no santuário,
louvai-o no alto céu de seu poder!
Louvai-o por seus feitos grandiosos,
louvai-o em sua grandeza majestosa!..
Louvai-o com a dança e o tambor,
louvai-o com as cordas e as flautas!...
Louve a Deus tudo o que vive e que respira,
tudo cante os louvores do Senhor!

Bênção

O Senhor te abençoe e te guarde!
O Senhor faça brilhar sobre ti sua face
e se compadeça de ti!
O Senhor volte para ti o seu rosto
e te dê a paz!
Amém!

(Nm 6,24-26)

Recados de Jesus para você

"Este é o meu mandamento:
que vocês se amem uns aos outros,
assim como eu amei vocês.
Ninguém tem amor maior
do que aquele que dá a vida por seus amigos"
(Jo 15,12-13).

"Tudo o que vocês pedirem em oração será dado,
se acreditarem que já o receberam"
(Mc 11,24).

"Eu sou o Caminho, a Verdade e a Vida.
Ninguém vai ao Pai senão por mim"
(Jo 14,6).

"Assim como meu Pai me ama, eu amo vocês;
portanto, continuem unidos comigo
por meio do meu amor por vocês"
(Jo 15,9).

Pensamentos importantes

"Se mil vidas eu tivesse,
mil vidas eu daria pelo Evangelho."
(Ir. Tecla Merlo)

"Nunca ore suplicando cargas mais leves,
e sim ombros mais fortes."
(Philips Brooks)

"O ser humano descobre a si mesmo
quando se defronta com os obstáculos."
(Saint-Exupéry)

"A minha vida só terá sentido
se eu me voltar para as necessidades de outras pessoas."
(Celina H. Weschenfelder)

Pensamentos de amizade

"Mais do que ouro, mais do que prata,
mais que qualquer dom, o que tu queres é o meu coração."
(Pe. Zezinho, scj)

"Não recuse um favor a quem precisa,
se você pode fazê-lo. Não diga ao seu amigo:
'Volte depois', se você pode atender logo ao pedido dele.
Não trame o mal contra o amigo,
quando ele vive contigo cheio de confiança."
(Pr 3,27-29)

"O amor é a única força
capaz de transformar um inimigo num amigo."
(Martin Luther King)

"A amizade multiplica as coisas boas e divide as más."
(Gracián)

"Nada se perde abandonando uma estrela
para abraçar um amigo."
(Euclides da Cunha)

Se você gostou destas mensagens, copie e envie para os seus amigos. Você também pode criar os seus próprios textos, pesquisar na Bíblia, em outros livros ou na internet alguma mensagem ou poema e partilhar com eles.

Juntos, vocês podem formar uma comunidade, como aquela de Jesus com os seus discípulos.

Siga os passos de Jesus, para ser sempre seu companheiro e ter os mesmos sentimentos dele.

Dados Internacionais de Catalogação na Publicação (CIP)
Angélica Ilacqua CRB-8/7057

Weschenfelder, Celina Helena
Lembrança da primeira eucaristia / Celina Helena Weschenfelder. – 2. ed. – São Paulo : Paulinas, 2021.
48 p : il, color.

ISBN 978-65-5808-095-4

1. Eucaristia – Igreja Católica 2. Vida cristã I. Título II. Série

21-3051   CDD 264.36

Índices para catálogo sistemático:

1. Eucaristia - Igreja Católica   264.36

2ª edição – 2021
1ª reimpressão – 2025

Direção-geral:	Bernadete Boff
Editora responsável:	Andréia Schweitzer
Texto:	Celina H. Weschenfelder
Copidesque:	Mônica Elaine G. S. da Costa
Coordenação de revisão:	Marina Mendonça
Revisão:	Sandra Sinzato
Gerente de produção:	Felício Calegaro Neto
Projeto gráfico:	Jéssica Diniz Souza
Ilustrações:	Fotolia - © Gstudio Group

Nenhuma parte desta obra poderá ser reproduzida ou transmitida por qualquer forma e/ou quaisquer meios (eletrônico ou mecânico, incluindo fotocópia e gravação) ou arquivada em qualquer sistema ou banco de dados sem permissão escrita da Editora. Direitos reservados.

Paulinas
Rua Dona Inácia Uchoa, 62
04110-020 – São Paulo – SP (Brasil)
Tel.: (11) 2125-3500
paulinas.com.br – editora@paulinas.com.br
Telemarketing e SAC: 0800-7010081
© Pia Sociedade Filhas de São Paulo – São Paulo, 2015